CATALOGUE

DES

OUVRAGES IMPRIMÉS

DE LA

BIBLIOTHÈQUE MUNICIPALE

DE METZ

(HISTOIRE LOCALE)

PAR

AIMÉ SCHUSTER

Conservateur de la Bibliothèque,
Ex-Professeur de physique à l'École industrielle de Metz
et aux Collèges de Lorient, de Montbéliard, etc.

NEUVIÈME FASCICULE

METZ
IMPRIMERIE EVEN FRÈRES
1887.

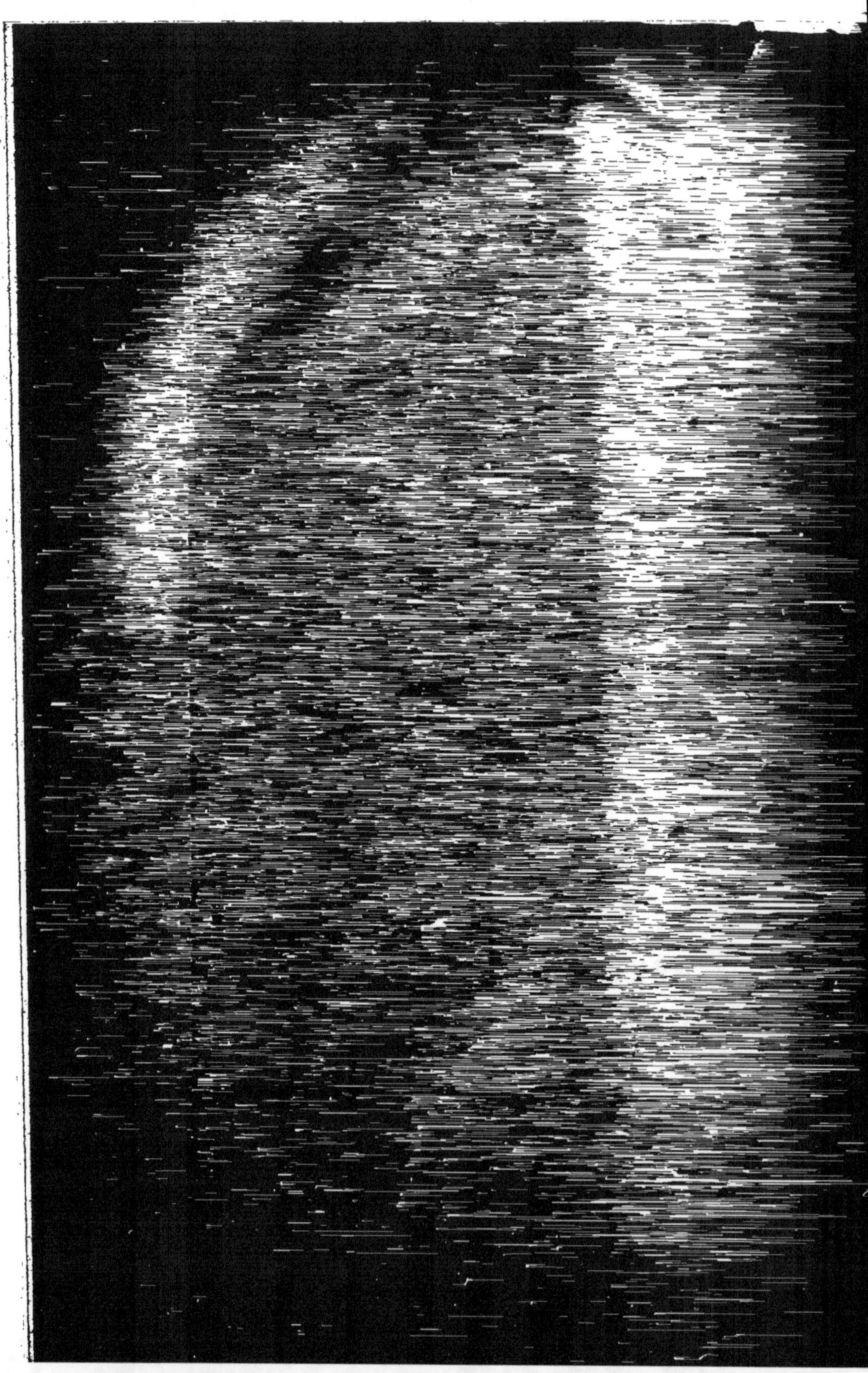

CATALOGUE

DE LA

BIBLIOTHÈQUE DE METZ

HISTOIRE LOCALE

CATALOGUE

DES

OUVRAGES IMPRIMÉS

DE LA

BIBLIOTHÈQUE MUNICIPALE

DE METZ

(HISTOIRE LOCALE)

PAR

AIMÉ SCHUSTER

Conservateur de la Bibliothèque,
Ex-Professeur de physique à l'École industrielle de Metz
et aux Collèges de Lorient, de Montbéliard, etc.

NEUVIÈME FASCICULE

METZ
IMPRIMERIE EVEN FRÈRES
1887.

CATALOGUE

DES

OUVRAGES IMPRIMÉS RELATIFS A L'HISTOIRE DE METZ

ET DU PAYS MESSIN

SECTION IX

Bibliographie militaire (*) messine.

1594. Abel (Charles), docteur en droit, avocat à
Metz — Du passé, du présent et de l'avenir de la
législation militaire en France.

Paris, typ. Hennuyer. Broch. in-8 de 36 pp. (Extrait de
la Revue historique du droit français et étranger, numéro de
mai-juin 1857.)

1595. D'Archenholtz; — baron de Bock. — Histoire de la guerre de sept ans, commencée en
1756 et terminée en 1763. . . . . traduite
de l'allemand par M. le baron de Bock. (* *)

Metz, Devilly, 1789. 2 vol. in-12.

(*) Dans cette section se trouvent énumérés les ouvrages
sur l'art militaire et les sciences qui s'y rapportent, dus à
des auteurs qui sont nés ou qui ont séjourné à Metz ou qui
les y ont publiés.

(* *) Le baron de Bock est né à Thionville en 1747.

1596. P. Ardant, lieutenant-colonel du Génie. — Considérations politiques et militaires sur les travaux de fortification exécutés depuis 1815 en France et à l'étranger.

Metz, Warion, 1846. In-8.

1597. Articles accordés par Son Altesse Monseigneur le duc d'Anguyen aux commandant, garnison et habitants de la ville de Thionville, pour la reddition de la place en l'obéissance du Roy très-chrétien.

A Metz, par Jean Antoine, 1643. Petit in-4.

1598. Augoyat, lieutenant-colonel du Génie. — Précis des campagnes et des sièges d'Espagne et de Portugal de 1807 à 1814, d'après l'ouvrage de M. Belmas, chef de bataillon du Génie, intitulé : Journaux des sièges faits et soutenus par les Français dans la Péninsule; les dépêches du duc de Wellington et autres ouvrages ; accompagné d'une carte militaire de la Péninsule.

Paris, A. Leneveu, 1839. 1 vol. in-8. Imprimerie de Bourgogne et Martinet.

1599. Augoyat, lieutenant-colonel du Génie. — Mémoires inédits du maréchal de Vauban sur Landau, Luxembourg et divers sujets, extraits des papiers des ingénieurs Hue de Caligny et précédés d'une notice historique sur ces ingénieurs...

Paris, J. Corréard, 1841. In-8.

1600. Augoyat. — Oisivetés de M. de Vauban. Tome premier et partie des tomes II et III, précédés de l'Abrégé des services du maréchal de Vauban, fait par lui en 1703, publié par M. Augoyat, lieutenant-colonel du Génie.

Paris, J. Corréard, 1843. In-8.

Fin des Tomes II et III. Précédés de l'éloge du maréchal, par M. Gaillard, de l'Académie française, suivie d'une note sur les oisivetés.

Paris, J. Corréard, 1845. Broch. in-8 de 99 pages.

1601. Augoyat (le colonel). — Aperçu historique sur les fortifications, les ingénieurs et sur le corps du Génie en France.

Tome premier   : De 1284 à 1715.
Tome deuxième : De 1715 à 1790.
Tome troisième : De 1790 à 1804.

Paris, Ch. Tanera, 1858-1864. 3 vol. in-8.

1602. Bardonnaut, capitaine du Génie, professeur-adjoint. — Cours de fortification permanente. Mines.

Lithographie de l'École impériale d'application. Décembre 1868. Cahier in-4 de 148 pages.

1603. Bauchetet, de Contencin, de Faultrier, Noizet et Petit, professeurs. — Cours de fortification permanente. — Première partie. — Planches (faites de 1830 à 1846.)

Metz, lithographie de l'École d'application, 1847. Atlas oblong de 0,525 de largeur sur 0,347 de hauteur, comprenant 42 planches.

1604. Belle-Isle (Maréchal de) — Instruction du maréchal de Belle-Isle sur les devoirs du chef militaire. A. F.

Paris, Dumaine, 1869. Broch. in-8 de 28 pp.

1605. Blondeau, lieutenant-colonel du Génie, professeur. — Cours de fortification permanente. — Principes de fortification. — App^{on} au terrain horizontal. — Leçons orales..... 1re partie.

Lith. de l'École d'application, septembre 1865. Cahier in-4 de 139 pp.

1606. Boblaye (T. le Puillon de) — Esquisse historique sur les Écoles d'Artillerie pour servir à l'histoire de l'École d'Application de l'Artillerie et du Génie, par le général T. le Puillon de Boblaye.

Metz, Rousseau-Pallez, 1858. in-8 de 164 pp.

1606 bis. Boblaye (le Puillon de) — Notice sur les Écoles du Génie de Mézières et de Metz par M. Théodore le Puillon de Boblaye, général de brigade, commandant l'École d'Application de l'Artillerie et du Génie.

Metz, typ. de Rousseau-Pallez 1862. in-8.

1607. Borius. — Cours de fortification permanente — 1re partie. — Note sur le tracé des fronts d'étude, par L. Borius, capitaine du Génie, professeur adjoint.

Lith. de l'École d'application, février 1866. Cahier in-4 de 29 pp.

1608. Bousmard (de) (*), Major au corps des ingénieurs de S. M. le roi de Prusse. — Mémorial de Cormontaingne pour l'attaque des places, ou recueil fait par ce célèbre ingénieur des préceptes et des méthodes qu'il suivait dans la conduite des sièges.

Berlin, Georges Decker, 1803. 1 v. in-8.

1609. Bréande (de), capitaine au 4e bataillon du régiment royal d'Artillerie. — Journal du siège de Landau en l'année 1702.

A Metz, chez Jean Collignon, impr. de la ville, [1703]. 1 v. in-16.

1610. Brioys (Jean), ingénieur et géographe ordinaire du roy *(et Séb. Le Clerc.)* — Nouvelle manière de fortification composée pour la noblesse française exposée en forme d'éléments et dédiée à Mgr. de Choisy.

A Metz, aux frais de l'autheur. M. DC. LXVI. Chez P. Collignon..... en Fourni-rüe. Petit in-4 avec gravures de Séb. Le Clerc.

1611. Carlet de la Rozière, — De Baye, — Campagne de M. le maréchal de Créquy en Lorraine et en Alsace en 1677.

Marche, — page 99 : Camps et cantonnements de l'armée de M. le maréchal de Créquy pendant la campagne de 1677.

Paris, 1764. In-12.

(*) De Bousmard, fils d'un président à mortier au parlement de Metz, lauréat et membre de l'Académie de cette ville.

1612. Collection de tous les décrets, loix, procla-
mations etc. relatifs au militaire.

Metz, de l'imprimerie de Collignon, 1792. 20 v. in-8.

1613. Commission formée par ordre du ministre
de la guerre, en date du 29 mai 1833, pour l'é-
tablissement des principes du tir. Premier et
second rapport. 1834. (Signé : Piobert, Morin,
Mitrecé, Auvity, Bergery, Bellencontre, Caron.)

Lithographie de l'Ecole d'application de l'Artillerie et du
Génie. Juillet 1835. 1 vol. in-folio de 216 pages et 10 pl.

1614. Commission mixte. — Travail de la Commission mixte d'officiers d'Artillerie et du Génie
formée à Paris, ... pour arrêter le plan
d'instruction et le règlement général de l'Ecole
impériale de l'Artillerie et du Génie, établie à
Metz.

Metz, Collignon, 1809. In-4.

1615. Cormontaingne. (*) — Œuvres posthumes de
Cormontaingne, publiées par M. Augoyat, chef-
de-bataillon du Génie.

    T. Ier : Mémorial pour la fortification perma-
          nente et passagère;
    T. II : Attaque des places;
    T. III : Défense des places.

Paris, Amelin, 1824, 3 vol. in-8. (Bibl. Poncelet.)

(*) A longtemps séjourné à Metz et y est mort le 20 Octobre 1752.

1616. Cosseron de Villenoisy... — Cours de fortification permanente. — Sommaire détaillé des leçons sur l'histoire de la fortification. — 14 leçons.

Lithographie de l'Ecole d'Application. Mai 1867. Br. in-4 de 66 pages.

1616 *bis*. Cosseron de Villenoisy, chef de bataillon, professeur. — Cours de fortification permanente. Attaque et défense des places. — Résumé des leçons. — 16 leçons.

Lithographie de l'Ecole impériale d'Application. Août 1867. Cahier in-4 de 156 pages et 1 plan, suivi d'une note sur le défilement des tranchées, par M. le capitaine Bardonnaut, 6 pages in-4.

1616 *ter*. Cosseron de Villenoisy, chef de bataillon du Génie, professeur. — Cours de fortification permanente. — Résumé des leçons sur l'application de la fortification au terrain.

Lithographie de l'Ecole d'Application. Octobre 1867. Cahier in-4 de 48 pages.

1617. Cosseron de Villenoisy. . . . — Cours de fortification permanente. Première partie. — Principes de l'art de fortifier.

Lithographie de l'Ecole d'Application. Septembre 1869. — Cahier in-4 de 114 pages.

1618. Cours d'Artifices provenant de l'ancienne Ecole de Pyrotechnie de Metz.

Recueil de notices autographiées, reliées en 1 vol. in-folio.

1618 *bis*. Cours sur le tracé et la construction des batteries de toute espèce, — extrait de l'ouvrage publié par le Comité de l'Artillerie, — avec 42 planches lithographiées. Troisième édition.

Metz, Verronnais, 1845.

1618 *ter*. Culées, cinquenelles, ancrage, repliement du pont. — Construction d'un pont de chevalets au moyen de poutrelles de rampe. . . , etc., (sans nom d'auteur, ni date).

Cahier in-4 lithographié de 44 pages et 5 planches.

1619. Didion. — Mémoire sur un instrument propre à vérifier la coïncidence et la rectitude des axes des surfaces intérieures et extérieures des bouches à feu. . . . . . . par Isid. Didion, ancien élève de l'École polytechnique, lieutenant d'artillerie.

Metz, Verronais, 1826. Broch. in-8 de 28 pp. et 2 pl.

1620. Didion. — Mémoire sur la balistique par Isid. Didion, chef d'escad. d'artillerie, prof. à l'École d'Application de l'Artillerie et du Génie à Metz.

Metz, S. Lamort, 1846. Broch. in-8 de 47 pp. et 1 pl.

1621. Didion. — Mémoire sur la balistique par Isid. Didion chef d'escad. d'artillerie, (présenté à l'Académie des sciences le 17 novembre 1845.)

Paris, impr. Nationale, 1848. in-4 de 149 pp.

1622. Isid. Didion, chef d'escadron d'artillerie. — Traité de balistique.

Paris, A. Leneveu, 1848. In-8.

1623. Isid. Didion, lieutenant-colonel d'artillerie. — Cours élémentaire de balistique adopté par le ministre de la guerre pour l'enseignement des élèves de l'École militaire de Sᵗ-Cyr.

Paris, J. Dumaine, 1852. Broch. in-4 de 56 pp.

1624. Didion. — Résumé des formules et des tables de balistique, par Isid. Didion, colonel d'artillerie...

Strasbourg, Vᵉ Berger-Levrault, extrait de l'Aide-mémoire d'artillerie, 1826. In-8 de 36 pp.

1625. Didion. — Lois de la résistance de l'air sur les projectiles, par Isid. Didion, colonel d'artillerie.

Paris, Dumaine, 1857. Broch. in-8 de 79 pp.

1626. Didion. — Calcul des probabilités appliqué au tir des projectiles, par Isid. Didion, colonel d'artillerie.

Paris, Dumaine, 1858. In-8 de 91 pp. et 1 pl.

1627. Didion. — Cours élémentaire de balistique, par Isid. Didion, Général de brigade . . . . . . Adopté. . . . . . pour l'enseignement des élèves de l'école de Sᵗ-Cyr. 3ᵉ édition.

Paris, Dumaine, 1859. Broch. in-4 de 64 pp.

1628. Didion. — Traité de balistique, par le général Didion. 2ᵉ édition.

Paris, Dumaine, Mallet-Bachelier, 1860. In-8.

1629. Didion. — Discours prononcé par M. le général Didion, à la séance publique de l'Académie, de Metz, du dimanche 12 mai 1861, (Ce discours

qui n'a pas de titre indiquant le sujet traité, a
pour objet le résultat des travaux scientifiques en-
trepris à Metz pour l'artillerie. C'est, en quelque
sorte, une suite à un discours sur le même sujet, prononcé en 1839, à pareille solennité, par le même
auteur).

Metz, F. Blanc, 1861. Broch, in-8 de 13 pp.

1630. Didion. — Progrès des sciences et de l'in-
dustrie appliqués à l'artillerie, par M. le général
Didion, corresp[t] de l'Institut. Discours de réception
à l'Académie de Stanislas le 28 Mai 1874.

Nancy, Berger-Levrault, 1874. Broch. in-8.

1631. Duchêne, Lachêvre et Jouffret. — Cours
d'artillerie. IVe partie. — Construction des batteries.

Lithogr. de l'École d'application. 1 cahier in 4° de 96 pp.
et 32 pl.

1632. Duchêne, chef d'escadron d'artillerie, Professeur..... — Conférence sur l'artillerie de campagne, (26 Mars 1870.)

Lith. de l'École d'application, 1870. Cahier in-4° de 46 pp

1633. Duteil (le chevalier), Major du Régiment de
Toul, du Corps-royal de l'artillerie......, Manœuvres
d'infanterie pour résister à la Cavalerie et l'attaquer
avec succès. (Ouvrage approuvé par la Société
Royale des Sciences et des arts de Metz).

A Metz, chez Jean Baptiste Collignon..... M. DCC. LXXXII
Broch. in-8 de 80 pp. et 11 pl.

1634. Duteil (Le chevalier), Major du Rég. de la Fère Artillerie, de la Société Roy. des Sciences et des Arts de Metz . . . . . De l'usage de l'artillerie nouvelle dans la guerre de campagne, connaissance nécessaire aux Officiers destinés à commander toutes les armes...

A Metz, chez Marchal....... M. DCC. LXXVIII. Broch. in-8 de 130 pp. et 4 pl. Manque la planche V.

1635. École d'application de l'artillerie et du Génie, — (Ordonnance et règlements concernant l')

Metz, de l'imprimerie de S. Lamort, 1831. Broch. in-8 de 109 pp.

1636. — Programmes pour l'enseignement de la fortification permanente, de l'attaque et de la défense des places.

Metz, de l'imprimerie de S. Lamort, 1831. Cahier in-4º de 47 pp. relié avec les cours de Lesage et de Noizet.

1637. Programmes du cours d'art militaire et de fortification passagère.

Lith. de l'École d'application... Septembre 1854. Cahier in-4º de 40 pp.

1638. Programmes et Règlements :
I. Règlement concernant le Service des Officiers d'état-major de l'École Impériale d'application.

Metz, lith. de l'École d'applicat. 1854. Broch. in-4º de 11 pp.

II. Règlement sur l'évaluation des travaux.

Metz, lith. de l'École 1854. Broch. in-4º de 12 pp.

III. Règlement sur l'exécution des travaux.

Metz, lith. de l'École d'applic. 1854. Broch. in-4° de 11. pp.

IV. Règlement d'administration. (2ᵐᵉ édition.)

Metz, lith. de l'École d'applic. 1864. Broch. in-4° de 25 pp.

V. Tableaux de l'instruction pratique militaire donnée aux Elèves des deux armes pendant les deux années d'étude.

Metz, lith. de l'École d'applic. 1854. Broch. in-4° de 13 pp.

VI. Recueil des Programmes des Cours de l'École Impériale d'application de l'artillerie et du Génie approuvés le 15. Octobre 1869.

Metz, lith. de l'École d'application, Décembre 1869. In-4°

VII. Règlement de police.

Metz, Imp. et Lith. de Jules Verronnais, Novembre 1862 Broch. in-4° de 23 pp.

VIII. Règlement de police.

Lith. de l'École Impériale d'application, Septembre 1854. Broch. in-4° de 36 pp.

IX. Appendice au Règlement de police du 10 juillet 1854.

Lith. de l'École d'application. Broch. in-4° de 10 pp.

X. Description de l'uniforme des sous-lieutenants elèves de l'École d'application . . . . .

Metz, typ. et lith. de Nouvian, 1848. Broch. in-8 de 23 pp. et 1 p. de supplément lithog. accompagnée de 2 planches.

XI. Décret d'organisation du 14 Août 1867 suivi du Règlement de police et de détails spéciaux.

Metz, Jules Verronnais, 1869. Broch. in-4° de 58 pp.

XII. Instruction sommaire sur les opérations du simulacre de siège.

Broch. in-4° lithog. de 22 pp.

XIII. Instruction sur le lever du plan directeur des attaques jusqu'à l'emplacement de la 2ᵉ parallèle.

Broch. in-8 de 4 pp.

XIV. Programme du mémoire du simulacre de siège.

2 pages in-4° lithog.

XV. Programme du simulacre de siège, Octobre 1854.

Broch. lith. de 8 pp.

XVI. Programme du Cours de langue allemande, Octobre 1854.

Broch. lith. de 3 pp.

1639. Programme du Cours de fortification permanente, d'attaque et de défense des places.

Lith. de l'École d'application, Octobre 1859. Cahier in-4° de 48 pp.

1640. Cours de fortification permanente. Leçons sur l'École des sapes.

Lith. de l'École Impériale d'application, Novembre 1866. — Cahier in-4° de 83 pp. et 10 pl.

1641. Cours de fortification permanente. Notice sur la construction du premier front d'étude.

Lith. de École, Novembre 1866. Cahier in-4° de 62 pp.

1642. Programme du cours de sciences appliquées aux arts militaires.

Lith. de l'Ecole..., Décembre 1869. Cahier in-4° de 31 pp.

1643. Cours d'artillerie. — Instruction sur le tracé des bouches à feu et des projectiles.

Lith. de l'École d'application..., Janvier 1869. Cahier in-4° de 95 pp. et 9 pl.

1644. **École régimentaire du Génie à Metz: —** Instruction pratique. — École de sapes, 1845.

Metz, 1845. Cahier in-4° lithog. de 60 pp. et 10 pl.

1645. — École de sapes, 1853.

Cahier lith. in-4° de 63 pp. et 10 pl.

1646. Instruction provisoire sur les sapes en sacs à terre. — 2ᵉ partie. — 1854.

Cahier lith. in-4°, de la page 13 à la page 39, avec 3 planches portant les Nᵒˢ 2, 3 et 4.

1647. Essai de Règlement pour les manœuvres de sape.

Cahier lith. in-4° de 42 pp.

1648. Texte de conférences à l'École régimentaire du Génie. — 1ʳᵉ partie. Mines.

Metz, 1831. Lith. du 2ᵉ régim. du Génie. Le Commandant de l'École A. Picot. 1 cahier in-4° de 62 pp. plus 15 pp. de Notes.

1649. École de Mines. — 1839.

Cahier lith. in-4° de 46 pp. et 6 planches.

1650. École de fougasses-pierriers. — 1847.

Cahier lith. in-4° de 36 pp. et 7 planches.

1651. — École de Mines. — 1849.

Cahier lith. in-4° de 40 pp. et 6 planches.

1652. — École de Mines. — 1853.

Cahier lith. in-4° de 52 pp. et 3 planches.

1653. Manuel pratique du mineur. —

Cahier lith. de 30 pp. et 4 planches.

1654. École de fortification de campagne. — 1849.

Cahier lith. in-4° de 24 pp. et 6 planches.

1655. École de ponts. — 1851.

Cahier lithog. in-4° de 26 pp. et 5 pl.

1656. Instruction sur le chargement et le déchargement des prolonges et chevaux de bât attachés aux compagnies de sapeurs et mineurs. — 1851.

Cahier lithog. in-4° de 10 pp.

1657. École de fours.

Metz, 1848. — Cahier lithogr. de 12 pp. in-4° et 2 planches.

1658. Extrait de la relation de la défense de la place de Grave en 1674.

Metz, Lamort, 1829. In-12.

1659. Ferron, Capit. du Génie. Cours d'art militaire. 2me partie : Tactique.

Lithog. de l'École Impériale d'application.... Mai 1865. Cahier in-4° de 294 pp.

1660. Ferron, Capit. du Génie. Cours d'art militaire. — Notions historiques et organisation des armées. — 1re, 2e et 3e leçons.

Lith. de l'École d'application.... Août 1865. Cahier in-4° de 206 pp. Du même auteur; voir ci-après: Cours de législation et d'administration militaires, par Ch. Robert, revu par Ferron.

1661. Ferron, Capit. du Génie. Cours d'art militaire. 5e partie. Castramétation.

Lith. de l'École d'application... Décembre 1865. Cahier in-4° de 111 pp.

1662. Feux de chaussée par peloton en avançant, (Titre de départ.) — Ouvrage anonyme, sans lieu ni date.

Metz, lith. de l'École d'application.? Cahier lithographié in-folio de 33 pp. avec figures.

1663. (Fieffé-Lacroix) — Eléments de nouvelle tactique ou nouvel art de la guerre, ouvrage utile à tous les militaires et singulièrement aux commençants.

Metz, Antoine l'aîné, an XII. In-8.

1664. Follie, Capit. du Génie, prof. adjoint. — Cours de fortification permanente. — Mines. — Leçons orales — 2e partie. — 2e section — 6 Leçons.

Lith. de l'École d'application, Septembre 1865. Cahier in-4° de 202 pp.

1665. Foucault (Armand de) Capitaine au 1er régiment du Génie. — Étude sur l'emploi des camps retranchés dans la défense des Etats en 1859.

Metz, Verronnais, 1859. In-8.

1666. Fournier, chef de bataillon du Génie. — Cours de législation et d'administration militaires. — 2e partie.— Administration militaire.

Lith. de l'École d'application... Décembre 1855. 1 cahier in-4° de 224 pp. avec 1 appendice de 10 pp.

1667. Fournier, lieutenant-colonel du Génie. — Cours d'art militaire. — 5e partie. — Commuuications militaires. — Routes.

Lith. de l'École d'application.... Octobre 1859. Cahier in-4° de 89 pp.

1668. Français, professeur. — Cours d'art militaire à l'usage des élèves de l'École royale de l'artillerie et du Génie.

Metz, lith. de l'École... 1829. Cahier in-folio avec 14 planches, relié avec les ouvrages suivants :

I. Persy, professeur. — Cours de balistique à l'usage des élèves de l'École royale de l'artillerie et du Génie.

A Metz, lith. de l'École.... sans date. Cahier in-folio de 165 pp. et 7 planches.

II. Sommaire des leçons sur le projet de Bouches à feu.

Lith. de l'École d'application..... Cahier lith. in-f° de 12 pp.

III. Villeneuve, lieutenant du Génie. — Essai de l'aide-mémoire du mineur.

Lithog. du 3ᵉ régiment du Génie (1824.) Cahier in-folio de 62 pp.

1669. (Français (*) professeur). — Cours d'art militaire à l'usage des élèves de l'École d'application de l'artillerie et du Génie. — Précis des leçons sur la castramétation, la fortification passagère, et les communications militaires.

Metz, de l'imprimerie de S. Lamort, 1832. 1 vol. in-8

1670. Gassendi. — Aide-mémoire à l'usage des Officiers du corps royal d'artillerie de France, attachés au service de terre (ouvrage anonyme, mais dont l'auteur est le général Gassendi).

A Metz, chez Devilly, 1789. 1 v. in-8.

1671. Glises, Capit. du Génie, professeur. — Cours d'art milit. 5ᵉ partie. — Communications militaires. — Ponts militaires.

Lithogr. de l'École d'application... Mars 1867. Cahier in-4º de 245 pp.

1672. Glises, Capitaine du Génie, professeur. Cours d'art militaire 3ᵉ partie. Castramétation.

Lithog. de l'École d'application.... Octobre 1867. Cahier in-4º de 58 pp.

(*) Le nom de l'auteur n'est pas donné sur l'ouvrage.

1673. Glises .... Cours d'art milit. 6ᵉ partie. — Stratégie. Leçons rédigées par le Capit. du Génie B, Glises, professeur.

Lith. de École d'application..... Janvier 1868. — Cahier in-4° de 103 pp.

1674. Glises, Capit. du Génie.... Cours d'art militaire. — Instruction sur le projet de route.

Lith. de l'École d'application... Février 1868. — Cahier in-4° de 24 pp.

1675. Glises.... Cours d'art militaire. — 2ᵉ partie. Tactique.

Lith. de l'École d'application... Avril 1868. — Cahier in-4° de 59 pp.

1676. Gosselin. — Considérations sur les effets souterrains de la poudre par F. Théodore Gosselin, ancien élève de l'Ecole polytechnique.

Metz, Warion, 1857. Broch. in-12 de 12 pp. et 5 pl.

1677. Gouget, Capit. du Génie, professeur. — Programmes et modèles des travaux du cours de fortification permanente exécutés par les élèves du Génie, établis conformément aux avis de la commission mixte et aux décisions ministérielles de 1854 et 1862.

Lith. de l'École... Septembre 1862. Cahier in-4° de 100 pp.

1678. Hoffmann (C. von), Oberst — Das Königlich Bayerische 4. Infanterie-Regiment als *Royal Bavière*, 1706-1716, von C. von Hoffmann, Oberst u. Kommandeur des Regiments *(à Metz)*. Separatabdruck aus der Geschichte des Regim. von 1706-1806.

Berlin, S. Mittler und Sohn (1881). 1 vol. petit in-4° de 72 pp,

1679. Des hôpitaux militaires.

Metz, Collignon, 1789. In-8º

1680. Huin, Jouart . . . . — Matériel d'Artillerie. —
Planches. — Mouvement de voitures. — Affûts. —
Voitures des batteries. — Matériel des parcs. —
Equipage de pont. — Détails de construction. —
Conservation du matériel.

CXXXVIII planches lithographiées.

1680 *bis*. Hutton (Charles) de la Société Royale de
Londres; — Terquem *(de Metz)*, Docteur ès sciences.
— Nouvelles expériences d'artillerie faites pendant
les années 1787, 1788, 1789 et 1791, où l'on dé-
termine la force de la poudre et la vitesse initiale
des boulets ... traduit de l'anglais par Terquem...

Paris, Bachelier, 1826, 1 v. in-4.

1681. Instruction générale sur la disposition et
l'emmagasinement du matériel de l'artillerie dans
les places.

Metz, S. Lamort, 1844. Broch. in-8. de 18 pp.

1682. Instruction générale sur le service de toutes
les bouches à feu en usage dans l'artillerie. Imprimée
par ordre de Messieurs les Inspecteurs généraux.

A Metz, de l'imprimerie de J -B. Collignon, 1786. Petit in-8.

1683. Instruction pour la manœuvre des caissons
d'ambulance du 25 janvier 1831. Modifiée par la
décision du Ministre de la guerre, du 4 Octobre
1832.

Metz, Verronnais, 1840. Broch. in-8. de 26 pp.

1684. Jacob (Victor), Bibliothécaire de la ville. — Documents historiques sur les anciennes sociétés de tir, notamment sur celles de Metz et de Nancy.

Metz, Rousseau-Pallez. In-8. 8 pp.

1685. Joly de Maizeroy (*). — Cours de tactique théorique, pratique et historique, qui applique les exemples aux préceptes ... par M. Joly de Maizeroy, Lieutenant-colonel d'infanterie.

A Paris, chez Claude-Antoine Jombert, 1766. 2 vol. in-8. avec 11 planches.

1686. Joly de Maizeroy. — Traité de tactique pour servir de supplément au Cours de tactique théorique, pratique et historique. . . .

A Paris, chez Claude-Antoine Jombert, 1767. 2 vol. in-8. avec 15 planches.

1687. Joly de Maizeroy. — Institutions militaires de l'Empereur Léon le philosophe, traduites en français avec des notes et des observations, suivies d'une dissertation sur le feu Grégeois et d'un traité sur les machines de jet des Anciens.

A Paris, chez Merlin, 1770. 2 vol. in-8. avec 14 planches. Autre édition du même ouvrage, à la date de 1771.

1688. Joly de Maizeroy. — Traité sur l'art des sièges et les machines des anciens, où l'on trouvera des comparaisons de leurs méthodes avec celles des modernes, des preuves de l'unité des

---

(*) Joly de Maizeroy (Paul Gédéon), célèbre tacticien français, né à Metz, le 6 janvier 1719, mort le 7 février 1780.

principes, et les motifs de la différence dans l'application.

A Paris, chez Jombert, 1773. 1 vol. in-8. avec 6 planches.

1689. Jourjon, Chef de bataillon du génie. — Cours d'art militaire, 4e partie. — Fortification passagère.

Lithog. de l'Ecole d'application, Juillet 1853. In-4. précédé de : Notice biogr. sur le Colonel du génie Jourjon, tué à la bataille de Solférino, (par le Général Dejean).
Metz, Verronnais, 1860. In-4.

1690. Lacour *(de Metz)*. — Expédition de l'Indo-Chine, 1858-1859-1860. — Notes sur le matériel de guerre des Chinois et des Cochinchinois par F. Lacour, chef d'escadron de l'artillerie de la Marine et des Colonies.

Paris, 1862. Lith. du Ministère de la Marine. Cahier in-folio de 125 pp. et 45 pl.

1691. Lapène. — Opérations militaires avant et depuis l'invention de la poudre comparées, par M. Edouard Lapène, Lieutenant-colonel du 5e régiment d'artillerie, membre titulaire de l'Académie de Metz. — Mémoire imprimé dans le Recueil de l'Académie royale de Metz, année 1840-1841.

Metz, typ. de Lamort. 1841. Broch. in-8. de 12 pp.

1692. Larchey. — Origines de l'artillerie française (première période), par Lorédan Larchey.

Paris, Dentu, 1862. Broch. in-12. de 75 pp.
Voir le N° 56 du présent catalogue : Les maitres bombardiers, canoniers et couleuvriniers de la cité de Metz, par le même auteur.

1693. Larchey. — Origines de l'artillerie française. Planches autographiées d'après les monuments du XIVᶜ et du XIVᵉ siècle, avec introduction, table et texte descriptif par Lorédan Larchey, de la Bibliothèque Mazarine.

Paris, Déntu, 1863. Grand in-4.

1694. Larchey (Lorédan). — Bibliothèque originale. — Correspondance intime de l'armée d'Egypte interceptée par la croisière anglaise . . . . Introduction et notes par L.-L. Frontispice à l'eau forte de Ulm.

Paris, René Pincebourde, 1866. In-16. de 146 pp.

1695. Lesage, Professeur. — Cours sur la fortification permanente à l'usage des élèves de l'Ecole Royale de l'artillerie et du génie.

A Metz, lithog. de l'Ecole Royale de l'artillerie et du génie, 1825. Cahier in-folio de 201 pp. et 3 planches.

1696. Lesage, Professeur. — Cours introductif sur la fortification permanente à l'usage des élèves de l'Ecole Royale de l'artillerie et du génie.

A Metz, lithographie de l'Ecole Royale de l'artillerie et du génie. Pierron lithog. Cahier in-folio de 65 pp. et 3 planches. Cet ouvrage est relié à la suite d'un autre cours sur la fortification du même auteur et des cours de Noizet.

1696 *bis*. Logerot. — Cours d'artillerie. — Extrait des tables des dimensions des bouches à feu et des projectiles, par Ad. Logerot, Capitaine d'artillerie, Professeur-adjoint.

Lith. de l'Ecole . . . Janvier 1865. Cahier in-4. de 123 pp.

1697. Loi sur l'état des Officiers du 19 Mai 1834 ; suivie de l'ordonnance du Roi, du 21 Mai 1836, portant règlement sur les conseils d'enquête institués par la loi du 19 Mai 1834, relative à l'état des Officiers.

Metz, Verronnais, 1836. Broch. in-8. de 16 pp.

1698. Longuet, Capitaine du 11ᵉ régiment de chasseurs. — Analyses des campagnes de 1806 ét 1807, ou précis des évènements militaires du Lieutenant général Comte Mathieu Dumas.

Metz, Verronnais, 1840. In-8. 3 cartes.

1699. H. T. Luks, Major. — Reise - Handbuch für Elsass-Lothringen mit kriegsgeschichtlichen Notizen und besonderer Berücksichtigung der Vogesen.

Metz, Gebr. Lang, 1875. 1 vol. in-18.

1699 *bis*. H. T, Luks, Major. — Die Deutsche Grenzmark Elsass-Lothringen. — Organisation, Topographie und Statistik.

Metz, 1875, Gebr. Lang. 1 vol. in-18.

1700. Manœuvres de force en usage dans l'artillerie.

A Metz, chez Collignon, Imprimeur-libraire pour l'art militaire. Broch. in-8. de 84 pp.

1701. Manœuvres des batteries de campagne pour l'artillerie de la garde impériale.

Se vend à Metz, chez Verronnais, Imprimeur-libraire pour le service militaire, 1811. Plaquette in-8. de 112 pp.

1701 *bis*. Manœuvres de l'infanterie (Règlement concernant l'exercice et les) — Du premier Août 1791.

Metz, Veuve Verronnais, 1813. 1 vol. in-18.

1702. Maréchaux de France (Création de) faite par le Roy, le 27 Mars 1693 avec la liste des Officiers Généraux.

A la fin : A Metz, par J. et B. Antoine, 1693. In-4.

1703. Moreau, Capitaine du génie, Professeur-adjoint. — Cours de fortification permanente. — Notice sur le tracé d'un 2e front d'étude. (Front à fossés pleins d'eau.)

Lith. de l'Ecole d'application. — Metz, Octobre, 1868. — Cahier in-4. de 24 pp. Manquent les 2 premières.

1704. Morin, Capitaine d'artillerie. — Compte-rendu d'une mission dans les fonderies de l'artillerie.

Paris. Fain, 1830. In-8. (Bibliothèque Poncelet.)

1705. Muller, Lieutenant au 3e régiment d'artillerie prussien. — Réponse au mémoire sur la fortification polygonale du Capitaine du génie Mangin, par H. Muller. — (traduit de l'allemand par A. Bacharach, Lieutenant au 1er régiment du génie).

Lith. de l'application, Novembre 1860. — Cahier in-4. de 106 pp. et 2 pl.

1706. Munier. — Théorie du mouvement et du tir des fusées par D. N. Munier, Capitaine d'artillerie, Sous-directeur de l'Ecole centrale de pyrotechnie militaire, Membre de l'Académie royale de Metz, ancien élève de l'Ecole polytechnique.

Metz, Lamort, 1830. (Extrait des Mémoires de l'Académie de Metz). Broch. in-8. de 18 pp.

1707. Noizet, Capitaine du génie. — Cours de fortification permanente. Leçons sur le dessin de la fortification.

Lithog. de l'Ecole d'application de l'artillerie et du génie. Octobre 1831. Cahier in-folio de 96 pp. et 3 planches, suivi des ouvrages :

I. Résumé des leçons de la première partie du Cours de fortification permanente.

Lith. de l'Ecole d'application.... Cahier in-folio de 37 pp.

II. Cours de fortification permanente 3e partie.

Lith. de l'Ecole d'application. Cahier in-folio de 59 pp.
Ces ouvrages sont reliés à la suite du Cours de Lesage sur la fortification.

1708. Noizet, Capitaine du génie. — Cours de fortification permanente. Leçons sur le dessin de la fortification.

Lith. de l'Ecole d'application de l'artillerie et du génie. Réimprimées en Avril 1850. Cahier in-4. de 88 pp. et 6 pl.

1709. Noizet, Chef de bataillon et Benoît, Capitaine. — Attaque et défense des places. Résumé des leçons ... avec des notes et un appendice sur l'attaque de la fortification étrangère.....

Lithog. de l'Ecole Impériale d'application ... Février 1856 Cahier in-4. de 139 pp.

1710. Noizet et Benoît. — Cours de fortification permanente. — 1re partie. — Fortification existante. Résumé des leçons par M. le Chef de bataillon du génie Noizet, avec des notes par M. le Capitaine du génie Benoît, Professeur.

Lith. de l'Ecole d'application, Décembre 1856. Cahier in-4. de 63 pp.

1711. Noizet (Général). — Principes de fortification. Publié avec autorisation du Ministre de la guerre.

Paris, J· Dumaine, 1859. 2 vol, in-8.

1712. Officier supérieur d'Artillerie. — Réponse d'un officier supérieur d'artillerie à un article de la Sentinelle de l'armée du 8 Mars 1840, signé : Un officier d'infanterie.

Metz, Impr. de S. Lamort, Janvier 1841. Broch. in-8 de 32 pp.

1713. Ordonnance du Roi concernant la maréchaussée, du 27 Décembre 1769.

Metz, Joseph-Pierre Collignon. Broch. petit in-8. de 30 pp.

1713 *bis.* Ordonnance du Roi portant règlement sur la hiérarchie de tous les emplois militaires ainsi que sur les promotions et nominations auxdits emplois du 17 Mars 1788.

Metz, Collignon, 1788. Broch. in-8. de 85 pp.

1714. Ordonnance du Roi, pour régler le service dans les places et dans les quartiers. Du premier Mars 1768.

A Metz, chez M. Jean-Baptiste Collignon. MDCCLXXXV. Petit in-8.

1715. Ordonnance provisoire arrêtée par le Roi, concernant l'exercice et les manœuvres des troupes à cheval. Du 20 Mai 1788.

A Metz, chez Collignon, Imprimeur-libraire pour le service militaire, MDCCLXXXVIII. 1 vol. in-12.

1716. Ordre (L') profond et l'ordre mince, considérés par rapport aux effets de l'artillerie ; réponse de l'auteur de l'Artillerie nouvelle à MM. de Ménil-Durand et de Mézeroi.

A Metz, 1776, chez Bouchard. Broch in-8. de 101 pp.

1717. Paixhans. — Force et faiblesse militaires de la France. Essai sur la question générale de la défense des États, et sur la guerre défensive...... par H. J. Paixhans, Lieutenant-colonel d'artillerie.

Paris, Bachelier, Janvier 1830. 1 fort volume grand in-8.

1718. Paixhans. — Fortification de Paris ou examen de ces questions : Paris doit-il être fortifié ? Les systèmes présentés peuvent-ils être admis ?... etc... par H. J. Paixhans, Colonel d'artillerie....

Paris, Bachelier, 1834. 1 vol. in-8. avec 1 plan de l'ensemble du projet présenté dans cet ouvrage comparé à celui des forts détachés.

1719. Paixhans. — Retraite de Moscou. — Notes écrites au quartier de l'Empereur par le général Paixhans.

Metz, Imprimerie de V. Maline, 1868. Broch. in-8. de 62 pp.

1720. Paixhans, Maître des requêtes au Conseil

d'État. — Des réformes militaires envisagées au point de vue social. — Deuxième édition.

Paris, E. Dentu, s. d. Clichy, Imp. Maurice Lorgnon et Cie, 1 plaquette in-8.

1721. J. Paixhans. — L'armement national. — Extrait du Correspondant.

Paris, Charles Douniol et Cie, 1871. Impr. Simon Raçon et Cie. In-8. de 109 pp.

1722. Perrin, Colonel d'artillerie. — Marche d'Annibal des Pyrénées au Pô. (Fascicule 1 de l'histoire d'Annibal.)

(Grenoble, 20 Mai 1883. 1 cahier in-8. lithographié de 163 pp. et 3 cartons.

Perrin, Colonel d'artillerie. — Description des vallées qui se rendent de la vallée du Rhône dans celle du Pô. (Fascicule II de l'histoire d'Annibal.)

Grenoble 20 Août 1883. 1 cahier lith. grand in-8. de 197 pp.

Les deux parties de cet ouvrage viennent d'être imprimées et réunies en un seul volume ayant pour titre :

Marche d'Annibal des Pyrénées au Pô, par M. Perrin, Colonel d'artillerie en retraite, commandeur de la légion d'honneur.

Metz, Impr.-lith. Béha, 1887. 1 vol. in-8. avec 3 pl. et 1 carte.

1723. Petit, Capitaine du génie, Adjoint au prof. de fortification. — Cours de fortification permanente, 2e partie. — Questions géométriques relatives au défilement.

Metz, lithog. de l'Ecole d'application, 18 Décembre 1828. Cahier in-folio de 11 pp. et 1 pl.

1724. Piobert, Capitaine d'artillerie. — Résumé des leçons sur le projet de bouche à feu.

A Metz, lithographie de l'Ecole d'application. Août 1835. Cahier in-folio de 12 pp.

1725. G. Piobert. — Traité d'artillerie théorique et pratique. — Précis de la partie élémentaire et pratique.

Metz, Mme Thiel, 1836. Imprimerie de S. Lamort. 1 volume in-8. accompagné de 9 planches.

1726. Piobert, Didion et de Saulcy. — Cours d'artillerie. — Théorie et application par G. Piobert, Colonel d'artillerie. — Rédigé d'après les cahiers et les leçons du Professeur en 1835 par MM. Didion et de Saulcy. — 2e édition avec un appendice de M. le Chef d'escadron d'artillerie Didion .... Novembre 1846.

Metz, lithog. de l'Ecole d'application, 1846. In-4.

1726 *bis.* Piobert. — Traité d'artillerie théorique et pratique. — Partie théorique. - Mouvement des gaz de la poudre.

Paris, Mallet-Bachelier, 1860. In-4. de 96 pp.

1727. Projet d'instruction sur le service des bouches à feu présenté au comité central de l'artillerie par des officiers de l'armée.

Metz, Collignon, 1816, in-8.

1728. Recueil des nouvelles ordonnances du Roi, relatives à la constitution actuelle de l'Etat militaire.

Tome 1 à 25.

A Metz, chez Jean-Baptiste Collignon, MDCCLXXVII.
25 vol. petit in-8.

1729. Recueil des ordonnances du Roy, concernant
le service de l'artillerie.

Metz, Veuve Brice Antoine, MDCCXXX. 1 vol. petit in-8.

1730. Règlement concernant l'exercice et les manœuvres de l'Infanterie du premier Août 1791.

Metz. Vve Verronnais, 1813. In-12.

1730 *bis*. Règlement provisoire sur le service de la
cavalerie et des dragons en campagne.

A Metz, chez J.-B. Collignon... MDCCLXXVIII. In-12.

1731. Remonte générale. — Instruction arrêtée par
le Ministre secrétaire d'état de la guerre, le 23
Mars 1837, sur le service en route et en station
des détachements régimentaires envoyés en remonte.

Metz, Verronnais, 1837. Broch. in-8. de 42 pp.

1732. Robert (Ch.) Intendant militaire. — Cours de
législation et d'administration militaires professé à
l'Ecole Impériale d'application .... de 1851 à 1853....
Revu et mis en harmonie avec la législation actuelle par M. Th. Ferron, Capitaine du génie.

Lith. de l'Ecole d'application... Décembre 1863. Cahier
in-4. de 396 pp.

1733. Saintemarie (de) — Service de l'artillerie dans
l'armement et la défense des places et des côtes,

par M. de Saintemarie, Lieutenant-colonel, Adjoint
au Commandant de l'Ecole d'artillerie de Metz...

Metz, Warion, Mars 1844. Typographie de S. Lamort.
1 vol. in-8. avec planches.

1734. Smolders.... — Démonstration du tir au
pistolet.

Metz, Blanc, 1862. Broch. in-8. de 23 pp.

1735. Soleirol. — Mémoire sur les marchés relatifs
au service du génie, par H. A. Soleirol, Capitaine
du génie.

Metz, Imprimerie de Dosquet 1833. — In-4.

1736. Tables relatives à la charge des fourneaux
de mines, à l'usage des élèves de l'école de l'artillerie et du génie.

A Metz, de l'imprimerie de C. Lamort. MDCCCXIII.
Broch. in-8. de 27 pp.

1737. Cours de sciences naturelles appliquées aux
arts militaires. — Précis des leçons faites à l'Ecole
d'application de l'artillerie et du génie en 1832
[par Taillefert].

Metz, Lamort, 1834. Broch. in-8. de 114 pp.

1738. Thomas *de Metz* (Général). — De la force
publique de la France.

Metz, Lamort, 1830. Broch. in-4· de 29 pp.

1739. Vauban (Le Maréchal de). — Traité des sièges
et de l'attaque des places publié par M. Augoyat,
Chef de bataillon du génie.

Paris, Anselin, 1828. in-8. (Bibl. Poncelet.)

1740. A. Vignotti, Capitaine-commandant d'artillerie, Professeur de sciences appliquées à l'Ecole d'artillerie de Metz, Membre titulaire de l'Académie impériale de Metz. — Recherches et résultats d'expériences relatifs à la mise en service des chronoscopes électro-balistiques.

Metz, Imprimerie F. Blanc. Paris, J. Dumaine. 1859. In-8. de 215 pp. et 4 pl.

1741. Virlet. — Cours d'artillerie. — Instruction sommaire sur le projet de bouche à feu rédigée par le Capitaine d'artillerie Virlet, professeur, et adoptée par le conseil d'administration de l'Ecole.

Lith. de l'Ecole d'application, Mars 1865. 1 cahier in-4. de 88 pp. et 5 pl.

1742. Welter. — Leçons d'artillerie faites à l''Ecole impériale d'application, par J. B. Welter, Capitaine d'artillerie, professeur.
1re partie. — 3e section. — Mouvement de voitures.

Autog. de l'Ecole ... Novembre 1863. Cahier in-4. de 87 pp.

1743. Welter. — Le Fusil à aiguille prussien. Son organisation et son efficacité par J. B. Welter, Capitaine d'artillerie, (extrait des Mémoires de l'Académie impériale de Metz, année 1866-1867).

Metz, F. Blanc, 1867. Broch. in-8. de 38 pp. 1 pl.

1744. Welter. — Cours d'artillerie. 2e partie. 4e, 5e, 6e et 7e sections. Affûts, voitures. Leçons orales.

Lith. de l'Ecole... 1867. Cahier in-4.

1745. Welter. — Cours d'artillerie. 1re partie. — 2e
section. — Balistique. — 6 leçons orales, par le
Capitaine d'artillerie J. B. Welter, professeur. 1864.

Lithog. de l'Ecole d'application... Réimprimé en 1868.
Cahier in-4. de 149 pp. et 2 pl.

1746. Westphal, Major. — Handbuch der Ortsbefes-
tigung im Feldkriege, bearbeitet für Offiziere der
Infanterie und Pioniere. — Zweite Auflage.

Metz, G. Lang, 1880. 1 vol. in-8. avec 22 pl.

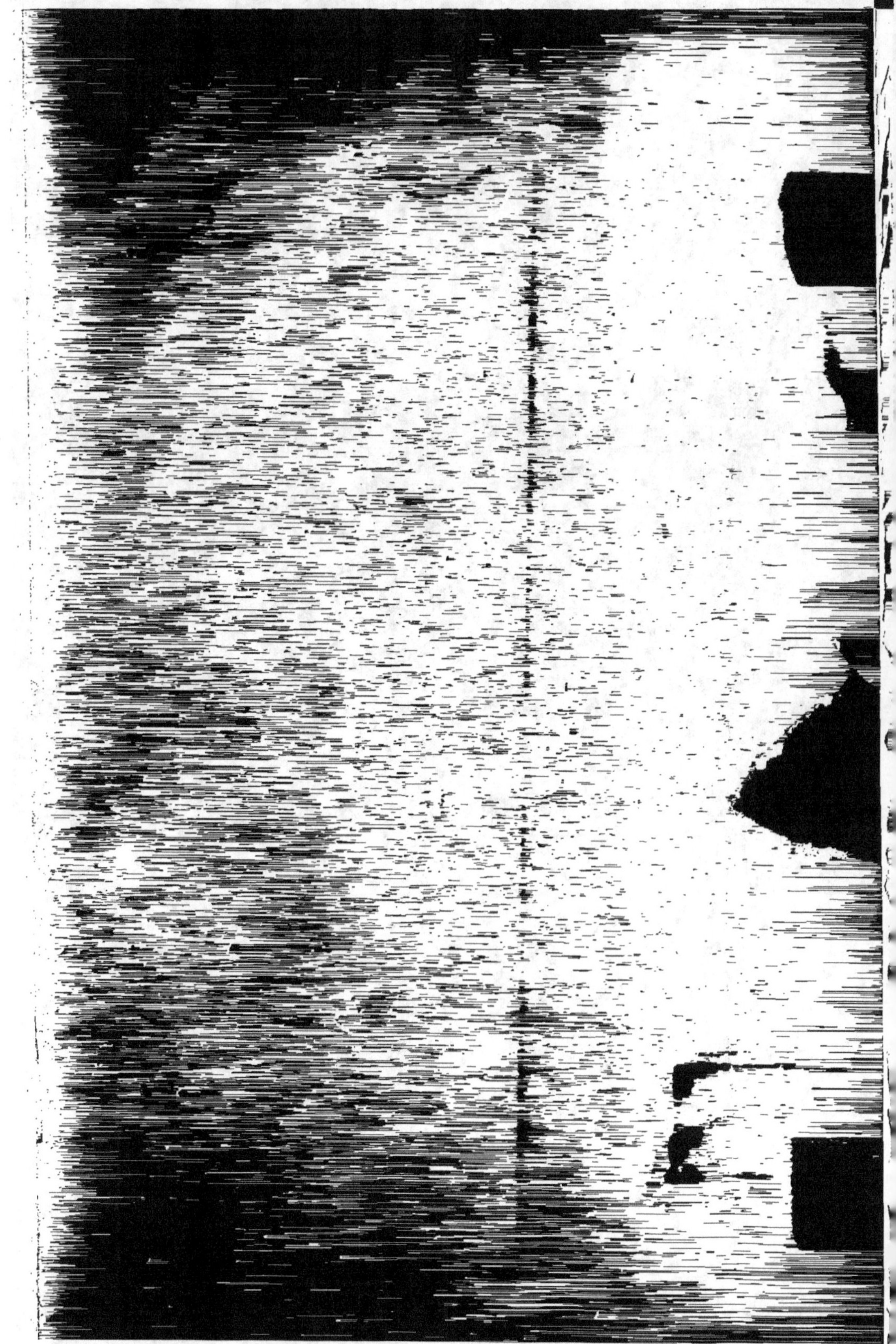

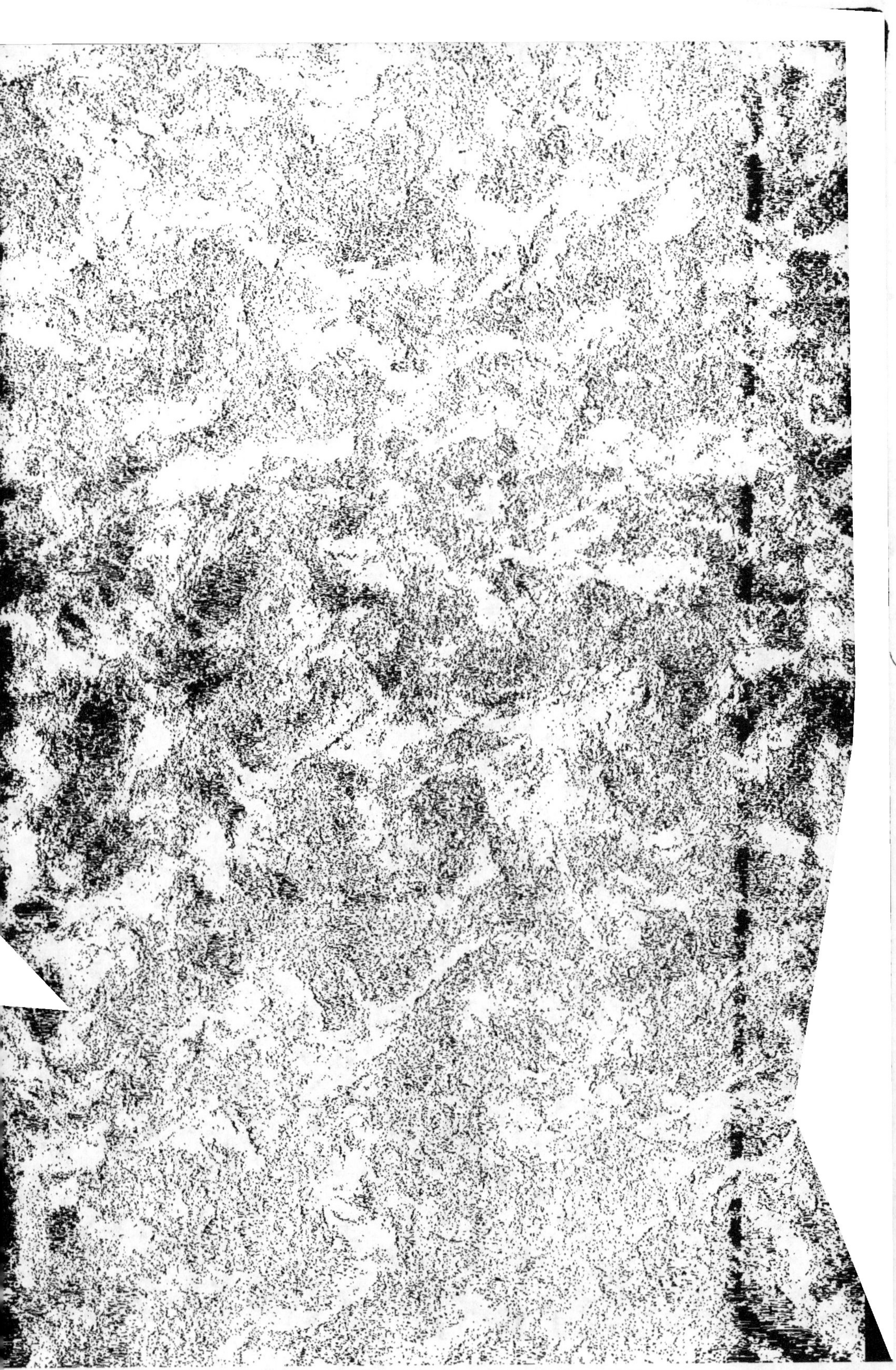